まちごとチャイナ

Macau 002 Senadosquare
セナド広場とマカオ中心部
東方に華開いた「キリスト教文化」

Asia City Guide Production

【白地図】マカオ

CHINA
マカオ

【白地図】セナド広場とマカオ中心部

CHINA
マカオ

【白地図】セナド広場

CHINA
マカオ

【白地図】カテドラル大堂前地

CHINA
マカオ

【白地図】聖ポール天主堂跡

CHINA
マカオ

聖ポール天主堂跡

Senadosquare

白地図

【白地図】聖ポール天主堂平面図

CHINA
マカオ

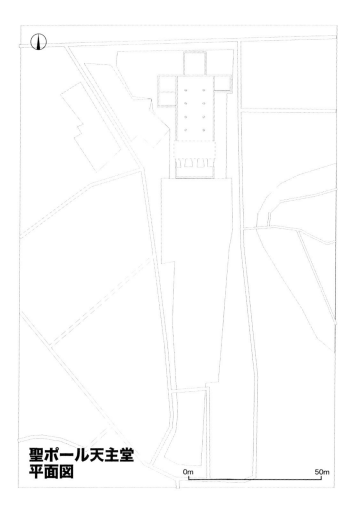

Senadosquare 白地図

聖ポール天主堂平面図

【白地図】大炮台

CHINA
マカオ

大炮台

Senadosquare

白地図

【白地図】カモンエス公園白鴿巣公園

CHINA
マカオ

カモンエス公園
白鴿巣公園

Senado square 白地図

【白地図】アルメイダリベイロ通り新馬路

CHINA
マカオ

CHINA
マカオ

【まちごとチャイナ】
マカオ 001 はじめてのマカオ
マカオ 002 セナド広場とマカオ中心部
マカオ 003 媽閣廟とマカオ半島南部
マカオ 004 東望洋山とマカオ半島北部
マカオ 005 新口岸とタイパ・コロアン

キリスト教会や西欧建築で彩られたマカオ。この街は、1557年に居住が認められて以来、ポルトガルの植民都市として発展してきた。マカオ歴史地区のなかでも、セナド広場はその中心にあたり、民政總署大樓、仁慈堂大樓など世界遺産に指定された建物が見られる。

またセナド広場には天球儀がおかれ、ポルトガルはじめ西欧諸国が競うように東方に繰り出していった大航海時代（15〜17世紀）の面影を感じられる。この時代、西欧諸国の航海でアメリカ、アフリカ、アジアなどの大陸が結ばれ、マカオ

東方に花開いた「キリスト教文化」

議事亭前地セナド広場

Senado Square

は東アジアにおけるキリスト教布教の拠点となっていた。

1576年、教皇グレゴリオ13世によってマカオに司教区が設けられ、多くの教会が立ちならぶその密度は世界でも屈指なのだという。とくにセナド広場から北側の丘にそびえる聖ポール天主堂跡は、本体は崩壊しているが、美しいファザードを残し、マカオのシンボルとなっている。

【まちごとチャイナ】

マカオ 002 セナド広場とマカオ中心部

CHINA
マカオ

目次

セナド広場とマカオ中心部 …………………………………………… xx

大航海時代の栄光今ここに ………………………………………… xxvi

セナド広場城市案内 ………………………………………………… xxxv

天主堂跡鑑賞案内 …………………………………………………… liii

東方一美しい教会 …………………………………………………… lx

続天主堂跡鑑賞案内 ………………………………………………… lxvii

白鴿巣公園城市案内 ………………………………………………… lxxvii

新馬路城市案内 ……………………………………………………… lxxxvi

キリスト布教のそれぞれ …………………………………………… xciii

【MEMO】

【地図】マカオ

CHINA
マカオ

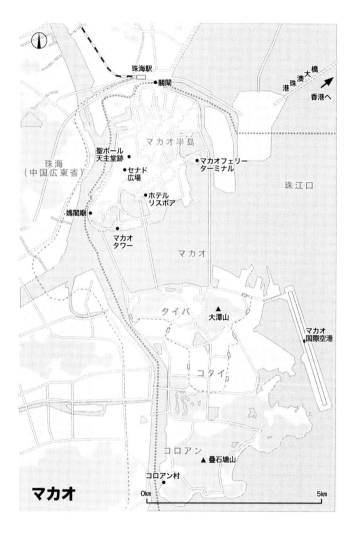

セナド広場とマカオ中心部

大航海時代の栄光今ここに

CHINA マカオ

黄金にくらべられるほど価値があった一粒の胡椒
宿敵であるイスラム教徒を経由せずに
直接交易を求めて西欧諸国は東方に繰り出した

大航海時代とポルトガル

15世紀からはじまった大航海時代では、大西洋に突き出した地の利をもつスペインとポルトガルが先陣を切った（アメリカや東方などを目指して大海原に繰り出した）。コロンブスによる新大陸発見後の1494年に交わされたトルデシリャス条約では、ローマ教皇の承認のもと、西経46度線の西をスペイン、東をポルトガルのものとして、地球をふたつにわけるとり決めがなされていた。こうして東方に進出したポルトガルは、アフリカ南端の喜望峰から、インド西海岸、そして東南アジアをへてマカオへとたどり着いた。1498年にイ

▲左 世界をふたつに、トルデシリャス条約が示された天球儀。　▲右 この地でキリスト教文化が咲き誇った

ンド航路を発見したバスコ・ダ・ガマが「胡椒とキリスト教徒を求めて」と言ったと伝えられるように、交易による富の獲得とキリスト教の布教がポルトガルの目的だった。

イエズス会の東方進出

インド、中国（マカオ）、日本などでのキリスト教布教を最初にになったのが、1540年に結成されたイエズス会で、フランシスコ会やドミニコ会といった修道会にくらべると新参者と見られていた。16世紀前半の西欧では宗教改革の嵐が吹き荒れ、勢いを増すプロテスタントに対して、カトリックは海外布教に

【MEMO】

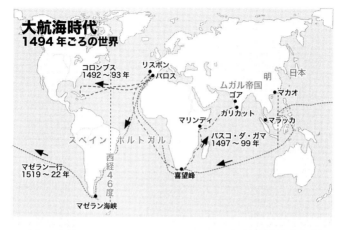

マカオ

力を入れる方針をとり、海外進出をねらう西欧諸国の思惑とイエズス会の方針が一致した。イエズス会士は1人ひとりが科学知識や技術を身につけていたため、中国王朝から技術者として登用されるようになった(ドミニコ会やフランシスコ会の修道士はもっぱら宗教的教養を学んでいた)。このイエズス会の初期メンバーには創設者ロヲラとともにパリ大学で同窓だったフランシスコ・ザビエルがいて、「東方の使徒」と呼ばれている。

忠実なるマカオ

セナド広場に立つ民政總署の1階には17世紀のポルトガル

▲左　美しい彫刻が見える聖ポール天主堂跡。　▲右　民政總署内を彩るアズレージョ、ポルトガル式のタイル

王ドン・ジョン４世の「神の名の街マカオ、他に忠誠なるものなし」という文言が残る。これはポルトガルから遠く離れたマカオで高度な自治が行なわれ、本国が一時、スペインに併合されたときも、マカオではポルトガル国旗が掲げられていたことに由来する（ポルトガル国王がイスラム教徒との戦いで死去し、跡継ぎがいないところから、1581年、スペインの支配下に組み込まれ、60年間の統治後、再独立を果たした）。この時代に見せた「忠実なるマカオ」の姿勢は、のちにポルトガル人の尊敬を集めることになった。

【地図】セナド広場とマカオ中心部

【地図】セナド広場とマカオ中心部の [★★★]
- [ ] 議事亭前地 Senado Square セナド広場 [世界遺産]
- [ ] 大三巴牌坊 Ruins of St. Paul's 聖ポール天主堂跡 [世界遺産]

【地図】セナド広場とマカオ中心部の [★★☆]
- [ ] 玫瑰堂 St. Dominic's Church 聖ドミニコ教会 [世界遺産]
- [ ] 大堂（主教座堂）The Cathedral カテドラル [世界遺産]
- [ ] 大三巴街 St. Paul's Road 大三巴街
- [ ] 大炮台 Monte Fortress モンテの砦 [世界遺産]
- [ ] 新馬路（亞美打利庇盧大馬路）San Man Lo アルメイダ・リベイロ通り

【地図】セナド広場とマカオ中心部の [★☆☆]
- [ ] 澳門博物館 Macau Museum マカオ博物館
- [ ] 盧家大屋 Lou Kau Mansion 盧家屋敷 [世界遺産]
- [ ] 關前街 Rua dos Ervanarios 関前街
- [ ] 聖安多尼教堂（花王堂）St. Anthony's Church 聖アントニオ教会 [世界遺産]
- [ ] 白鴿巣前地 Camões Square カモンエス広場 [世界遺産]
- [ ] 營地大街 Rua dos Mercadores 営地大街
- [ ] 典當業展示館 Museum of Pawn Shop 質屋博物館

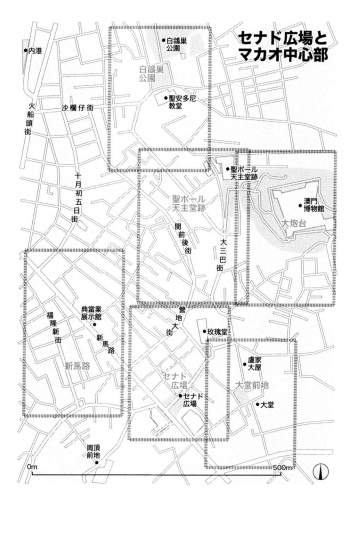

【MEMO】

CHINA
マカオ

Guide,
Senado Square
セナド広場
城市案内

街全体が世界遺産のようなマカオ
その中にあるのがセナド広場で
美しい西欧建築が残っている

議事亭前地イースィーテンチンデイ
Senado Square セナド広場 [世界遺産] [★★★]

セナド広場はマカオの中心にあたり、広場には噴水とともに教皇境界線の敷かれた天球儀が残っている（ポルトガルとスペインとのあいだで世界を二分したトルデシリャス条約が表現されている）。波打つような意匠をもつ広場の石畳は、ポルトガルから呼ばれた職人によって1枚ずつ埋め込まれ、広場を囲むように民政總署、仁慈堂といったポルトガル統治時代の建物がならぶ。ここは市民の憩いの場であり、マカオ人の生活模様を見ることもできる。

【地図】セナド広場

【地図】セナド広場の [★★★]
- [ ] 議事亭前地 Senado Square セナド広場 [世界遺産]

【地図】セナド広場の [★★☆]
- [ ] 民政總署大樓 Leal Senado Building 民政総署大楼 [世界遺産]
- [ ] 玫瑰堂 St. Dominic's Church 聖ドミニコ教会 [世界遺産]
- [ ] 新馬路（亞美打利庇盧大馬路）San Man Lo アルメイダ・リベイロ通り

【地図】セナド広場の [★☆☆]
- [ ] 仁慈堂大樓 Holy House of Mercy 仁慈堂大楼 [世界遺産]
- [ ] 澳門郵政局 Macau Central Post Office マカオ中央郵便局
- [ ] 板樟堂前地 St. Dominic's Square 聖ドミニコ広場 [世界遺産]
- [ ] 大堂前地 Cathedral Square カテドラル広場 [世界遺産]
- [ ] 營地大街 Rua dos Mercadores 営地大街
- [ ] 三街會館（關帝古廟）Sun Kai Vui Kun 三街会館 [世界遺産]

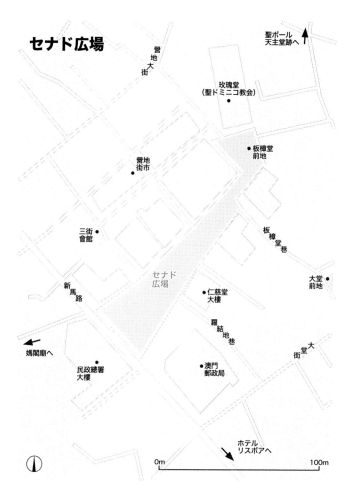

マカオ

民政總署大樓マンゼンジョンチュダイラウ
Leal Senado Building 民政総署大楼 ［世界遺産］［★★☆］

セナド広場に面して立つ民政總署大樓は、ポルトガルによるマカオ統治のための市庁がおかれたところで、マカオ政治の中心地となっていた。1586年にマカオ市議会がつくられたときは中国風の建物が使われていたが、1784年に西欧風建築に建て替えられた（ポルトガルは1557年にマカオへの居住が認められている）。幾度か改築された後、1874年に民政總署大樓は現在の姿になった。建物内では壁面を彩るポルトガルのタイル、アズレージョが見られるほか、「ここに地果て、

▲左　マカオ統治拠点だった民政總署大樓内部。　▲右　まるで南欧の街並みのセナド広場

海はじまる」という一節ではじまる国民的叙事詩『ウズ・ルジアダス』を記した詩人ルイス・デ・カモンエスの銅像がおかれている。2階は図書室として開放されていて、植民地時代から集められた貴重な書籍を収蔵する。

仁慈堂大樓ヤンチィトンダイラウ
Holy House of Mercy 仁慈堂大楼［世界遺産］［★☆☆］

セナド広場で一際美しく映える純白のコロニアル建築、仁慈堂大樓。仁慈堂は1569年、初代マカオ司教カルネイロによって設立された慈善団体で、家族を失った人々や病気の人々な

CHINA
マカオ

▲左　セナド広場に立つ仁慈堂大樓。　▲右　鮮やかなピンク色で塗りあげられた建物

ど社会的弱者の支援などの活動が行なわれていた（それらの活動とキリスト教の布教は密接に関わっていた）。この建物の2階は博物館になっていて、仁慈堂を開いたカルネイロ司祭の頭骸骨や日本製の磁器などが陳列されている。

澳門郵政局オウムンヤウジングック
Macau Central Post Office マカオ中央郵便局　[★☆☆]

セナド広場の一角に立つ澳門郵政局。重厚な雰囲気をもち、民政總署大樓、仁慈堂大樓とともにセナド広場の景観をつくっている。またさまざまな種類の切手を見ることができる。

【MEMO】

マカオ

板樟堂前地バンチョントンチンデイ
St. Dominic's Square 聖ドミニコ広場 [世界遺産] [★☆☆]

波打つ黒と白の石畳が美しい板樟堂前地。玫瑰堂（聖ドミニコ教会）の前に位置し、周囲にもポルトガル風コロニアル建築がならぶ。

玫瑰堂ムイクヮイトン
St. Dominic's Church 聖ドミニコ教会 [世界遺産] [★★☆]

玫瑰堂は、1587年、聖ドミニコ会のスペイン人修道士によって建てられた教会（イエズス会よりも古い歴史をもつ）。古

▲左　黄色の壁面と緑の窓枠が印象的な玫瑰堂。　▲右　教会内部の様子、信仰深いキリスト教徒も見える

くは木造だったが、17世紀になって石づくりの西欧風建築に建て替えられ、1828年に現在の姿となった。南欧を思わせる黄色の外観をもち、入口や窓の部分は緑色にぬられている。また内部に「バラの聖母像」を安置するところから、バラの教会とも呼ばれる。この教会には博物館が併設されていて、宗教画やキリスト像などの展示も見られる。

ファティマの聖母

玫瑰堂には、ポルトガルの小さな町ファティマで起こった奇跡に由来する「ファティマの聖母」と呼ばれる聖母子像が安

CHINA
マカオ

置されている。第一次世界大戦さなかの1917年5月13日、3人の少年たちの前に聖母が現れ、人類の展望に対する予言を行なった。このとき少年のうちふたりは生命を落とし、その予言は世界大戦の終結やローマ教皇の狙撃というかたちで的中したことから、5月13日はファティマに聖母が現れた特別な日だと考えられるようになった。マカオでは毎年、この日を記念して、玫瑰堂からマカオ半島南部の西望洋聖堂まで歩く信者の行列が見られる。

▲左 セナド広場でパフォーマンスする人。　▲右　中国人商人の邸宅、盧家大屋

盧家大屋ロウガァダイオッ
Lou Kau Mansion 盧家屋敷 ［世界遺産］［★☆☆］

盧家屋敷は19世紀の豪商、盧華詔の邸宅跡。広東省出身の盧華詔はマカオに移り、両替商から銀行、カジノ経営と事業を拡大するなかでマカオ屈指の富豪となった（マカオには盧華詔公園もある）。自身の財産で公園や学校などをつくり、実際に住んでいたこの邸宅も博物館として開放された。美しい中国風の透かし彫りが見られるほか、西欧のステンドグラスも残る。

【地図】カテドラル大堂前地

【地図】カテドラル大堂前地の [★★★]
- [ ] 議事亭前地 Senado Square セナド広場 [世界遺産]

【地図】カテドラル大堂前地の [★★☆]
- [ ] 大堂（主教座堂）The Cathedral カテドラル [世界遺産]
- [ ] 大三巴街 St. Paul's Road 大三巴街
- [ ] 民政總署大樓 Leal Senado Building 民政総署大楼 [世界遺産]
- [ ] 玫瑰堂 St. Dominic's Church 聖ドミニコ教会 [世界遺産]

【地図】カテドラル大堂前地の [★☆☆]
- [ ] 大堂前地 Cathedral Square カテドラル広場 [世界遺産]
- [ ] 仁慈堂大樓 Holy House of Mercy 仁慈堂大楼 [世界遺産]
- [ ] 板樟堂前地 St. Dominic's Square 聖ドミニコ広場 [世界遺産]
- [ ] 盧家大屋 Lou Kau Mansion 盧家屋敷 [世界遺産]

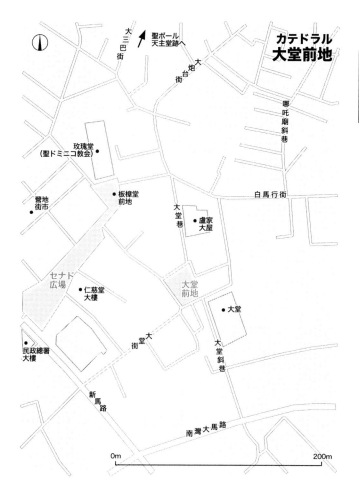

マカオ

大堂前地ダイトンチンデイ
Cathedral Square カテドラル広場 [世界遺産] [★☆☆]

新馬路から大堂街に入り、坂をのぼったところにある大堂前地。石畳がていねいに敷き詰められ、大堂とともに世界遺産に指定されている。

▲左 石だたみが敷かれた大堂前地。　▲右 マカオ布教の中心だった大堂

大堂（主教座堂）ダイトン
The Cathedral カテドラル ［世界遺産］［★★☆］

東アジアのキリスト教布教拠点であったマカオのなかでも、大堂はその中心的な役割を果たしてきた。1576年以来、ローマ教皇の命でおかれた東アジア司教区を管轄し、その司教区には日本もふくまれていた。正面のステンドグラスから光が差し込み、キリスト像も見える。1622年に創建されたあと、何度も建てなおされて現在にいたる。

マカオ

大三巴街ダイサンバァガイ
St. Paul's Road 大三巴街 [★★☆]

大三巴街は聖ポール天主堂跡へ通じる参道。細い道の両脇に土産物店などが軒を連ね、多くの人でにぎわう通りとなっている。

關前街クワンチンガイ Rua dos Ervanarios 関前街[★☆☆]

大三巴街に並行して走る關前街。マカオの骨董通りとして知られ、雑貨、銅細工のほかヒスイ、仏具などを扱う店がならぶ。正街と後街からなる。

【MEMO】

CHINA
マカオ

Guide,
Ruins of St. Paul's
天主堂跡
鑑賞案内

東洋でもっとも美しい教会
そうたたえられた聖ポール天主堂
今ではファザードのみが残る

耶穌會紀念廣場イエソウウイゲイリムグォンチョン
Company of Jesus Square イエズス会記念広場［世界遺産］
［★★☆］

聖ポール天主堂跡の前に広がる耶穌會紀念廣場。中国布教に功績のあったイエズス会（フランシスコ・ザビエルやマテオ・リッチなどが所属した）にちなんで、その名前がとられている。聖ポール天主堂跡に向かう多くの人々でにぎわっている。

【地図】聖ポール天主堂跡

【地図】聖ポール天主堂跡の ［★★★］
- [ ] 大三巴牌坊 Ruins of St. Paul's 聖ポール天主堂跡 ［世界遺産］

【地図】聖ポール天主堂跡の ［★★☆］
- [ ] 耶穌會紀念廣場 Company of Jesus Square イエズス会記念広場 ［世界遺産］
- [ ] 大炮台 Monte Fortress モンテの砦 ［世界遺産］
- [ ] 大三巴街 St. Paul's Road 大三巴街
- [ ] 玫瑰堂 St. Dominic's Church 聖ドミニコ教会 ［世界遺産］

【地図】聖ポール天主堂跡の ［★☆☆］
- [ ] 天主教藝術博物館 Museum of Art 天主堂芸術博物館
- [ ] 澳門博物館 Macau Museum マカオ博物館
- [ ] 哪咤廟 Na Tcha Temple ナーチャ廟 ［世界遺産］
- [ ] 舊城牆遺址 Section of the Old City Walls 旧城壁 ［世界遺産］
- [ ] 關前街 Rua dos Ervanarios 関前街

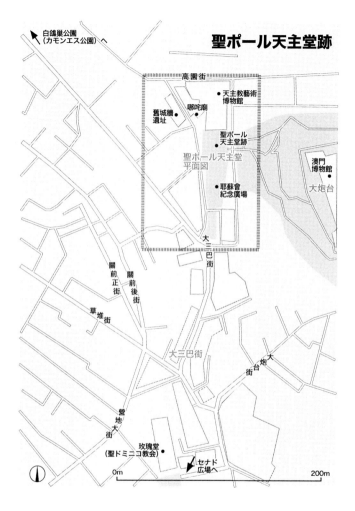

▲左　マカオの象徴、聖ポール天主堂跡。　▲右　磔にされたキリストを描いた絵画

大三巴牌坊ダイサンバァパイフォン Ruins of St. Paul's
聖ポール天主堂跡 [世界遺産] [★★★]

聖ポール天主堂跡はキリスト教文明の栄華を今に伝えるマカオの象徴的建築で、バロック様式の荘厳なたたずまいを見せている。かつて「東洋にあるすべての教会のうち、もっとも威厳あり、もっとも美しい建築」と評されていたが、たび重なる火災によって建築本体は消失し、現在はファザードだけを残している。もともとこの教会は、イエズス会の宣教師スピノラによる設計のもと、1602年から40年の月日をかけて建てられた。ファザードには聖母マリアやフランシスコ・ザ

【MEMO】

ビエルなどの美しい彫像はじめ、キリスト教にまつわるさまざまな装飾がほどこされていることから、この教会のファザードは「石に刻まれた説教」とも呼ばれる。当時、日本を追われたキリスト教徒がマカオに逃れたことから、日本人技術者も聖ポール天主堂の創建に参加したという。

聖ポール天主堂という名称

教会の名前となっている聖ポールは、「イエス12人の使徒ひとり」パウロの英語名ポールからとられている（ポルトガル語ではパウロと発音され、かつてポルトガルが支配したブラ

▲左　イエズス会を意味するIHSの紋章。　▲右　側面から見た聖ポール天主堂跡

ジルの街に、サンパウロがある)。一方、天主という言葉は、16世紀の中国人キリスト教徒チンニコーが、西欧人のゼウスに「天(中国の神格)」をあてたところから広がったという。教会中央の入口に「MATER DEI (聖母)」と刻まれていることから、この教会の正式名称はマードレ・デ・デウス(聖なる母の教会)となっている。また中国語名の大三巴牌坊は、中国で徳のある人をたたえ、門の役割を果たす牌坊に由来する。

東方一美しい教会

CHINA
マカオ

20世紀末まで450年ものあいだポルトガル領だったマカオ
この街に立つ数ある教会のなかでも
聖ポール天主堂跡はもっとも美しい姿を見せている

聖ポール天主堂の歴史

聖ポール天主堂の建設は、ポルトガルがマカオへの居住を認められた1557年からしばらくしてはじまった。1582年に今の教会のもととなる礼拝堂が建てられたが、1601年に焼失し、1602年から聖ポール天主堂の再建工事が行なわれた。この教会は40年の月日をへて完成し、以後、中国におけるキリスト教の総本山の役割を果たしていた。はじめはイエズス会によって管理されていたが、18世紀にイエズス会が解散を命じられると（典礼問題や国王殺害の陰謀疑惑などが原因となって）、司教直轄の教会となった。また併設されていた学院は

Senado square | 東方一美しい教会

マカオ市議会に管理されていたが、セミナリオが兵舎に転用されるなどその地位をさげていった(香港の発展にくらべて、マカオは徐々に経済力を失っていった)。1835年、教会にたくわえられていた薪が火元となって火災が起こり、ファザードを残して教会は焼失してしまった。その後、20世紀末に、教会跡の地下に天主教芸術博物館と納骨堂が開館した。

在りし日の聖ポール天主堂

聖ポール天主堂の完全な姿がどのようなものだったか、はっきりとしたことはわかっていないが、ある宣教師の記録によ

【地図】聖ポール天主堂平面図

【地図】聖ポール天主堂平面図の［★★★］
- [ ] 大三巴牌坊 Ruins of St. Paul's
  聖ポール天主堂跡［世界遺産］

【地図】聖ポール天主堂平面図の［★★☆］
- [ ] 大三巴街 St. Paul's Road 大三巴街
- [ ] 耶蘇會紀念廣場 Company of Jesus Square
  イエズス会記念広場［世界遺産］
- [ ] 大炮台 Monte Fortress モンテの砦［世界遺産］

【地図】聖ポール天主堂平面図の［★☆☆］
- [ ] 天主教藝術博物館 Museum of Art 天主堂芸術博物館
- [ ] 地下納骨堂 Charnel 地下納骨堂
- [ ] 哪咤廟 Na Tcha Temple ナーチャ廟［世界遺産］
- [ ] 舊城牆遺址 Section of the Old City Walls
  旧城壁［世界遺産］

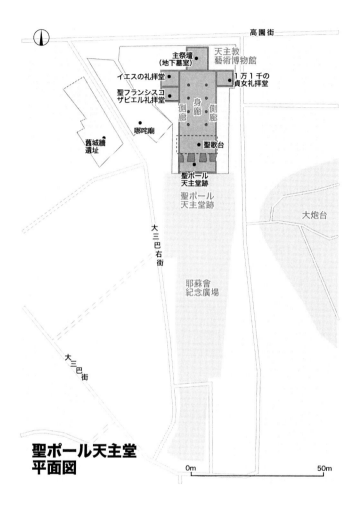

聖ポール天主堂 平面図

マカオ

れば、ローマにあるジェズ教会と似たものだったという。残った聖ポール天主堂のファザードは高さ20.5m、幅19.3mで、そこから推測すると高さ35m、幅18.5mほどの本体建築が推測される。17世紀にマカオを訪れたイギリス人ピータームンディーは、「学院に属する教会の屋根はひときわ美しい丸天井で、私はかつてこれほどのものを見た覚えがない」という記録を残している。

建築解説

1階中央の入口上部に刻まれた「MATER DEI（聖母）」と

▲左　彫刻でキリスト教の世界観が示されている。　▲右　背後から見た聖ポール天主堂跡のファザード

いう文字、その両脇にはイエズス会を意味する「IHS」とともにイエズス会の紋章が刻まれている。2階の開口部は焼失前、教会の窓の役割を果たし、中央脇にはフランシスコ・ザビエル像が見える。3階部分の中央には聖母マリア像がおかれ、この像を囲むように装飾がほどこされている（日本人によるという菊も残る）。4階部分には少年時代のキリスト像が彫られ、そばはムチや道具などで装飾されている。切妻様式の屋根には、精霊を意味する中央の鳩、両脇には太陽と月が残るほか、屋根の上部には十字架がかかげられている。

CHINA
マカオ

日本人技術者の参加

1602年にはじまった聖ポール天主堂の建設には、禁教令で日本を追われ、マカオに着いた日本人が参加したと言われる（豊臣秀吉が1587年に禁教令を出した）。イエズス会の資料にはヤコブ丹羽、マンショ・タイチク、タデウ、ペドロ・ジョアンの4人の日本人の名前が記されていて、とくに3階部分にある菊の紋は、日本人の手によるものだという。また1609年に開かれたキリスト教神学校、聖ポール学院では日本を追放された人々が学んでいたと伝えられる（マテオ・リッチもこの神学校を卒業した）。

Guide,
Ruins of St. Paul's 2
続天主堂跡
鑑賞案内

ファザードのみを残す聖ポール天主堂跡
そのそばには大炮台がそびえ
そこからは中国大陸も視界に入る

天主教藝術博物館ポッバッグン
Museum of Art 天主堂芸術博物館 ［★☆☆］

聖ポール天主堂跡のファザードの背後にある天主教藝術博物館。フランシスコ・ザビエルが使った聖杯をはじめ、1835年の火事の際に唯一残った『聖ミカエル画』、礼拝の道具や宗教画など貴重な品々がならぶ。

地下納骨堂ナップグワットトン Charnel 地下納骨堂［★☆☆］

聖ポール寺院地下にある地下納骨堂。中国布教にあたった宣教師たちの骨のほかに、長崎で磔にあい、殉死した日本人殉

教者のものもある。

大炮台ダイパウトイ
Monte Fortress モンテの砦［世界遺産］［★★☆］

マカオ中心部の標高53mの丘にそびえる大炮台。外敵からマカオを守るべく、22の大砲が海に向かって据えられている。聖ポール天主堂と同時期の17世紀初頭に建設され、鉄炮や火薬を貯蔵する軍事宿舎がおかれていた。1622年、新興国オランダにポルトガル領マカオが攻め込まれたとき、ここから大砲を撃ち込んでオランダを撃退したという逸話も

▲左　長崎で殉教した人々の納骨堂もある。　▲右　イエズス会はキリスト教を天主教と訳した

残っている。その翌年の 1623 年、イエズス会からマカオ総督の手に所有者が代わり、18 世紀なかごろまで総督官邸がおかれていた。

マカオ攻防戦（対オランダ）

オランダは東アジアの交易拠点となっていたマカオ獲得のため、数度にわたって兵を出し、1622 年にもっとも大きな戦いがあった。このときアフリカ人奴隷や神父も戦いに駆り出され、一進一退の攻防が続いていたが、ポルトガル側のロー神父が大炮台から放った砲弾がオランダ軍のコンテナに命中

【地図】大炮台

【地図】大炮台の [★★★]
- ☐ 大三巴牌坊 Ruins of St. Paul's 聖ポール天主堂跡 [世界遺産]
- ☐ 議事亭前地 Senado Square セナド広場 [世界遺産]

【地図】大炮台の [★★☆]
- ☐ 大炮台 Monte Fortress モンテの砦 [世界遺産]
- ☐ 大三巴街 St. Paul's Road 大三巴街
- ☐ 玫瑰堂 St. Dominic's Church 聖ドミニコ教会 [世界遺産]
- ☐ 大堂（主教座堂）The Cathedral カテドラル [世界遺産]
- ☐ 新馬路（亞美打利庇盧大馬路）San Man Lo アルメイダ・リベイロ通り

【地図】大炮台の [★☆☆]
- ☐ 澳門博物館 Macau Museum マカオ博物館
- ☐ 哪咤廟 Na Tcha Temple ナーチャ廟 [世界遺産]
- ☐ 舊城牆遺址 Section of the Old City Walls 旧城壁 [世界遺産]
- ☐ 關前街 Rua dos Ervanarios 関前街
- ☐ 盧家大屋 Lou Kau Mansion 盧家屋敷 [世界遺産]

▲左　丘のうえには澳門博物館が立つ。　▲右　大炮台におかれた大砲

し、なかの弾薬が大爆発したことで勝負は決まった。ポルトガルはマカオを死守し、オランダは東海沖の澎湖島、それから台湾南部に拠点を築くことになった（その後、台湾は明末清初の時代、鄭成功に奪われる）。

澳門博物館オウムンボッマッグン
Macau Museum マカオ博物館 [★☆☆]

大炮台に立つ澳門博物館。16世紀のポルトガル人の中国到来から、交易を通して発展してきた街の歴史、中国とポルトガルの交流など、マカオの歩みのほか、大航海時代に実際に

【MEMO】

使用されていた羅針盤やセットでくまれたマカオの街並みの展示も見られる。

哪咤廟ナーチャミュウ
Na Tcha Temple ナーチャ廟 [世界遺産] [★☆☆]

聖ポール天主堂跡のそばに立つ道教寺院、哪咤廟。南欧風の街並みが見られるなかで、中国式の建築となっている。この廟にまつられているナーチャは『西遊記』や『封神演義』にも登場する神童で、母のお腹で3年半を過ごし、そのあいだに仙人に神通力を与えられたという。1888年、マカオで疫

▲左　こぢんまりとした道教寺院の哪咤廟。　▲右　ポルトガルの築いた城壁の舊城牆遺址

病が蔓延したときに建てられ、以来、地元の中国人が参拝に訪れる姿が見られる。またマカオにはこちらの哪咤廟とは別の哪咤廟もある。

舊城牆遺址 ガウセンチョンワイジィ
Section of the Old City Walls 旧城壁 [世界遺産] [★☆☆]

舊城牆遺址は1569年にポルトガル人が築いた城壁跡。哪咤廟のすぐそばにあり、土砂やワラなどを混ぜる西欧の伝統的な製法でつくられている。

Guide, Camoes Park
白鴿巢公園城市案内

聖ポール天主堂跡北側に位置する白鴿巣公園
聖安多尼教堂、東方基金會會址、基督教墳場などの
世界遺産が残る

聖安多尼教堂（花王堂）スィンオンドォネイカウトン
St. Anthony's Church 聖アントニオ教会[世界遺産][★☆☆]

聖安多尼教堂はマカオに上陸したイエズス会士が最初期に布教拠点としたところで、この教会はマカオ屈指の歴史をもつ。マカオ黎明期の1565年には（上陸は1557年）、木と竹でつくられた中国風の粗末なものだったが、1638年に西欧風の教会となり、数度の改修をへて、1875年に現在の姿となった。聖アントニオは愛の守護者とされ、それをしたって結婚式を挙げるカップルの様子が見られる。結婚式のたびに花が捧げられたことから、花王堂（「花の教会」を意味する）とも呼ばれている。

【地図】カモンエス公園白鴿巣公園の [★★★]
- ☐ 大三巴牌坊 Ruins of St. Paul's
  聖ポール天主堂跡 [世界遺産]

【地図】カモンエス公園白鴿巣公園の [★★☆]
- ☐ 大三巴街 St. Paul's Road 大三巴街

【地図】カモンエス公園白鴿巣公園の [★☆☆]
- ☐ 聖安多尼教堂（花王堂）St. Anthony's Church
  聖アントニオ教会 [世界遺産]
- ☐ 白鴿巣前地 Camões Square カモンエス広場 [世界遺産]
- ☐ 白鴿巣賈梅士花園 Camões Park カモンエス公園
- ☐ 東方基金會會址 Casa Garden カーサ庭園 [世界遺産]
- ☐ 基督教墳場 Protestant Cemetery
  プロテスタント墓地 [世界遺産]
- ☐ 哪咤廟 Na Tcha Temple ナーチャ廟 [世界遺産]
- ☐ 舊城牆遺址 Section of the Old City Walls
  旧城壁 [世界遺産]

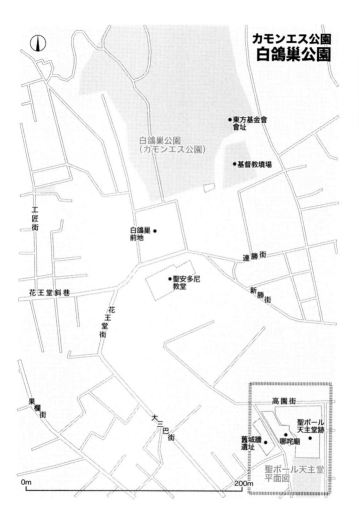

白鴿巣前地 パッカッチャオチンデイ
Camões Square カモンエス広場 ［世界遺産］［★☆☆］

ポルトガルの国民的叙事詩『ウズ・ルジアダス』を記した詩人ルイス・デ・カモンエスの名前を冠する記念する白鴿巣前地。北側に白鴿巣公園が広がる。

▲左　マカオ有数の古さの聖安多尼教堂。　▲右　ポルトガルの国民的詩人、ルイス・デ・カモンエスの像

白鴿巣賈梅士花園パッカッチャオガァムイシィーファーユェン
Camões Park カモンエス公園　[★☆☆]

ポルトガルの国民的叙事詩『ウズ・ルジアダス』を記した詩人ルイス・デ・カモンエスを記念する白鴿巣公園。木々の茂る公園内は、人々の憩いの場となっていて、噴水のまわりには『ウズ・ルジアダス』の場面が描かれたモザイクが見られる。また丘にある祠には、ポルトガル人芸術家の手によるカモンエスの胸像がおかれている。

マカオ

ポルトガル国民的叙事詩『ウズ・ルジアダス』

貧乏貴族に生まれたカモンエスは、軍人として北アフリカ、インドなどをへて1588年、マカオに到着した。そこから翌年までマカオで滞在しながら、『ウズ・ルジアダス』を執筆することになった。この叙事詩が「ここに地果て、海はじまる」という一節ではじまるように、ポルトガル人の大海への意識は西欧のどの国よりも強いと言われる。『ウズ・ルジアダス』は、バスコ・ダ・ガマのインド航路「発見」をモチーフとしており、中世、西欧の共通文語がラテン語だったのに対して、ポルトガル語で記されたことを特徴とする。

▲左　かつて東インド会社も拠点をおいた東方基金會會址。　▲右　亜熱帯の樹木が茂る白鴿巣公園の敷地

東方基金會會址トンフォンケイカムウイウイジィ
Casa Garden カーサ庭園　[世界遺産]　[★☆☆]

東方基金會會址は1835年に整備され、18世紀に活躍したポルトガル商人マヌエル・ペレイラの古い邸宅が残っている。この敷地はアヘン戦争以前、中国居住を許されていなかったイギリス東インド会社に借りられ、商館の役割を果たしていたという歴史もある（当時、中国との交易は広州に限られていて、決められた交易の時期を待つため、オランダやイギリスなどの商人がマカオに邸宅を構えていた）。

CHINA
マカオ

▲左　漢字で記された教会のはり紙、香港と同じく繁体字が使われる。　▲右　街角には中国人が線香をあげる祠があった

基督教墳場ケイトッカウファンチョン
Protestant Cemetery プロテスタント墓地 [世界遺産] [★☆☆]

1821年、イギリス東インド会社の出資でつくられた基督教墳場。ポルトガル統治のもと、マカオではローマ・カトリックの布教が盛んだったが、19世紀に入ったころから、プロテスタントの中国布教も進んだ。この墓地には、中国のプロテスタント布教に力を入れたロバート・モリソンや、マカオを描いたイギリス人画家ジョージ・シナリーはじめ、プロテスタントのイギリス人やアメリカ人の宣教師や商人が眠っている。またロバート・モリソンから名前がとられたモリソン礼拝堂が立つ。

Guide, San Man Lo
新馬路
城市案内

CHINA
マカオ

セナド広場に面してマカオ中心部を
東西に走る新馬路
人々が行き交い、にぎわいを見せている

新馬路（亞美打利庇盧大馬路）サンマァロゥ
San Man Lo アルメイダ・リベイロ通り ［★★☆］
新馬路は、セナド広場の脇からマカオ半島の中心部を横切るように走るマカオ随一の目抜き通り。通りの両脇には石造りの建築がならび、植民地時代の名残が感じられるほか、カジノやカフェ、バーなどが店を構えている。

營地大街ウェンデイダイガイ Rua dos Mercadores 營地大街［★☆☆］
食堂や露店が軒を連ね、マカオ庶民の生活を感じられる營地大街。この通りの東には7階建ての建物、營地街市が立ち、

▲左 三街會館では関羽がまつられている。 ▲右 新馬路はマカオの大動脈

多くの店舗が入居している。

三街會館（關帝古廟）サンガイウイグン
Sun Kai Vui Kun 三街会館 ［世界遺産］［★☆☆］

セナド広場の北西に立つ三街會館。会館は商談や集会が行なわれ、宿泊施設も備えるところから、地縁、血縁を同じくする同郷者（とくに商人）などが集まった。中国の伝統的な建築様式で建てられ、三国志の英雄関羽がまつられている。関羽は商売の神様として信仰され、商人のあいだでは金銭出納簿やそろばんは関羽が発明したと信じられているという（明

【地図】アルメイダリベイロ通り新馬路

【地図】アルメイダリベイロ通り新馬路の [★★★]
- ☐ 議事亭前地 Senado Square セナド広場 [世界遺産]

【地図】アルメイダリベイロ通り新馬路の [★★☆]
- ☐ 新馬路（亞美打利庇盧大馬路）San Man Lo
  アルメイダ・リベイロ通り
- ☐ 民政總署大樓 Leal Senado Building
  民政総署大楼 [世界遺産]

【地図】アルメイダリベイロ通り新馬路の [★☆☆]
- ☐ 營地大街 Rua dos Mercadores 営地大街
- ☐ 三街會館 (關帝古廟) Sun Kai Vui Kun
  三街会館 [世界遺産]
- ☐ 典當業展示館 Museum of Pawn Shop 質屋博物館
- ☐ 關前街 Rua dos Ervanarios 関前街

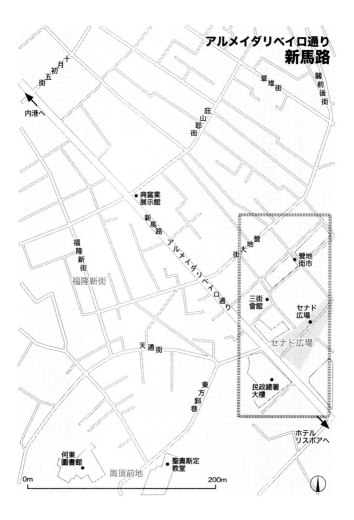

CHINA
マカオ

▲左 露店が軒を連ねる營地大街界隈のにぎわい。　▲右 美しいステンドグラス、マカオの教会にて

代以降、関羽の故郷である山西商人が各地に進出し、会館を建てて関羽をまつった)。

典當業展示館ディンドンイップジンシグン
Museum of Pawn Shop 質屋博物館 [★☆☆]

1917年に開業した質屋徳成按の店が転用された典當業展示館。「カジノの街」マカオには質屋が多いことでも知られ、「押」という文字は質屋を意味する(時計やアクセサリーなど「客の質草」を担保にして金を貸していた)。鉄格子の受付、そろばんや帳簿などが質屋の雰囲気を伝えている。

【MEMO】

キリスト布教のそれぞれ

イエズス会やドミニコ会などが
拠点をおいたマカオ
ここから中国本土へのキリスト教の布教が試みられた

イエズス会とマテオ・リッチ

中国のキリスト教布教の礎を築いたことで知られるイエズス会のイタリア人宣教師マテオ・リッチ（利瑪竇）。彼はイエズス会が管理するマカオの聖ポール学院で学んだあと、1583年に広東省への進出を許された。外来のものを受けつけにくい保守的な中国にあって、リッチは中国の古典『四書五経』を暗記し、中国語を話すことで民衆への接近を試みた。そして自らを西儒と名乗り、天（ゼウスと同一視）を崇拝すること、儒教の典礼を認めることなど中国の伝統とキリスト教の共通点を示しながら布教にあたった（「大西洋で世界を分断

CHINA
マカオ

し、中国が中心に位置するような地図」をもちいるといった工夫もした)。1601年、明の万暦帝に謁見したマテオ・リッチはその後、北京での居住許可を得ている。

ドミニコ会と典礼問題

東方の布教で先んじたイエズス会に対して、ドミニコ会は西欧ではイエズス会よりも長い伝統があった。イエズス会は儒教の典礼を認めるなど中国の習慣や伝統にあわせて布教していたが、ドミニコ教会は妥協することなく、西欧で行なわれている通りの儀式や方法をもちいて布教を続けていた。18

▲左 歴史あるマカオ、1638年と刻まれている。　▲右　中国布教に成果をあげたマテオ・リッチ

世紀、ドミニコ会やフランシスコ会によって、イエズス会の布教方法が問題視されると、ローマ教皇はイエズス会が行なっている典礼を禁じた（典礼問題）。一方、ときの清朝康熙帝はこの決定に激怒し、やがて中国に滞在していた修道士は一部を残してマカオに放逐されることになった。

マカオ

プロテスタントの布教と太平天国

16世紀、西欧ではカトリックに対するプロテスタントの宗教改革が吹き荒れていた(イタリア、フランス、スペインなど南方の国がカトリック、イギリス、オランダなど北方の国がプロテスタント)。海外布教に活路を求めたカトリックに対して、プロテスタントの海外布教は遅れたが、ロバート・モリソンが1807年に広州に到着して以来、プロテスタントの中国布教も本格化した。ロバート・モリソンはイギリス東インド会社の通訳として働きながら、教育や出版に力を入れ、「ゼウス」を「上帝」と訳すなどそれまでとは異なる聖書の

Senadosquare | キリスト布教のそれぞれ

翻訳を試みた。モリソンの印刷を手伝っていた広東人、梁発はこの聖書『勧世良言』を 1832 年に出版し、『勧世良言』に影響を受けて洪秀全は太平天国の思想をつくり出した。1851 年に起こった太平天国の乱は、イギリス、フランスなどの援軍もあって 1864 年に鎮圧された。

参考文献

『マカオの歴史』(東光博英 / 大修館書店)

『マカオ歴史散歩』(菊間潤吾 / 新潮社)

『海の道と東西の出会い』(青木康征 / 山川出版社)

『大航海時代』(増田義郎 / 講談社)

『中国とキリスト教』(矢沢利彦 / 近藤出版社)

『中国とキリスト教』(ジャック・ジェルネ / 法政大学出版局)

『世界大百科事典』(平凡社)

[PDF] マカオ空港案内 http://machigotopub.com/pdf/macauairport.pdf

まちごとパブリッシングの旅行ガイド
Machigoto INDIA , Machigoto ASIA , Machigoto CHINA

【北インド - まちごとインド】

001 はじめての北インド
002 はじめてのデリー
003 オールド・デリー
004 ニュー・デリー
005 南デリー
012 アーグラ
013 ファテープル・シークリー
014 バラナシ
015 サールナート
022 カージュラホ
032 アムリトサル

【西インド - まちごとインド】

001 はじめてのラジャスタン
002 ジャイプル
003 ジョードプル
004 ジャイサルメール
005 ウダイプル
006 アジメール（プシュカル）
007 ビカネール
008 シェカワティ
011 はじめてのマハラシュトラ
012 ムンバイ
013 プネー
014 アウランガバード
015 エローラ
016 アジャンタ
021 はじめてのグジャラート
022 アーメダバード
023 ヴァドダラー（チャンパネール）
024 ブジ（カッチ地方）

【東インド - まちごとインド】

002 コルカタ
012 ブッダガヤ

【南インド - まちごとインド】

001 はじめてのタミルナードゥ
002 チェンナイ
003 カーンチプラム
004 マハーバリプラム
005 タンジャヴール
006 クンバコナムとカーヴェリー・デルタ
007 ティルチラパッリ
008 マドゥライ
009 ラーメシュワラム
010 カニャークマリ
021 はじめてのケーララ
022 ティルヴァナンタプラム
023 バックウォーター（コッラム〜アラップーザ）
024 コーチ（コーチン）
025 トリシュール

【ネパール - まちごとアジア】

001 はじめてのカトマンズ
002 カトマンズ
003 スワヤンブナート

004 パタン
005 バクタプル
006 ポカラ
007 ルンビニ
008 チトワン国立公園

【バングラデシュ - まちごとアジア】

001 はじめてのバングラデシュ
002 ダッカ
003 バゲルハット（クルナ）
004 シュンドルボン
005 プティア
006 モハスタン（ボグラ）
007 パハルプール

【パキスタン - まちごとアジア】

002 フンザ
003 ギルギット（KKH）
004 ラホール
005 ハラッパ
006 ムルタン

【イラン - まちごとアジア】

001 はじめてのイラン
002 テヘラン
003 イスファハン
004 シーラーズ
005 ペルセポリス
006 パサルガダエ（ナグシェ・ロスタム）
007 ヤズド
008 チョガ・ザンビル（アフヴァーズ）
009 タブリーズ
010 アルダビール

【北京 - まちごとチャイナ】

001 はじめての北京
002 故宮（天安門広場）
003 胡同と旧皇城
004 天壇と旧崇文区
005 瑠璃廠と旧宣武区
006 王府井と市街東部
007 北京動物園と市街西部
008 頤和園と西山
009 盧溝橋と周口店
010 万里の長城と明十三陵

【天津 - まちごとチャイナ】

001 はじめての天津
002 天津市街
003 浜海新区と市街南部
004 薊県と清東陵

【上海 - まちごとチャイナ】

001 はじめての上海
002 浦東新区
003 外灘と南京東路
004 淮海路と市街西部
005 虹口と市街北部
006 上海郊外（龍華・七宝・松江・嘉定）
007 水郷地帯（朱家角・周荘・同里・甪直）

【河北省 - まちごとチャイナ】

001 はじめての河北省
002 石家荘
003 秦皇島
004 承徳
005 張家口
006 保定
007 邯鄲

【江蘇省 - まちごとチャイナ】

001 はじめての江蘇省
002 はじめての蘇州
003 蘇州旧城
004 蘇州郊外と開発区
005 無錫
006 揚州
007 鎮江
008 はじめての南京
009 南京旧城
010 南京紫金山と下関
011 雨花台と南京郊外・開発区
012 徐州

【浙江省 - まちごとチャイナ】

001 はじめての浙江省
002 はじめての杭州
003 西湖と山林杭州
004 杭州旧城と開発区
005 紹興
006 はじめての寧波
007 寧波旧城
008 寧波郊外と開発区
009 普陀山
010 天台山
011 温州

【福建省 - まちごとチャイナ】

001 はじめての福建省
002 はじめての福州
003 福州旧城
004 福州郊外と開発区
005 武夷山
006 泉州
007 廈門
008 客家土楼

【広東省 - まちごとチャイナ】

001 はじめての広東省
002 はじめての広州
003 広州古城
004 天河と広州郊外
005 深圳(深セン)
006 東莞
007 開平(江門)
008 韶関
009 はじめての潮汕
010 潮州
011 汕頭

【遼寧省 - まちごとチャイナ】

001 はじめての遼寧省
002 はじめての大連
003 大連市街
004 旅順
005 金州新区

006 はじめての瀋陽
007 瀋陽故宮と旧市街
008 瀋陽駅と市街地
009 北陵と瀋陽郊外
010 撫順

【重慶 - まちごとチャイナ】

001 はじめての重慶
002 重慶市街
003 三峡下り（重慶〜宜昌）
004 大足

【香港 - まちごとチャイナ】

001 はじめての香港
002 中環と香港島北岸
003 上環と香港島南岸
004 尖沙咀と九龍市街
005 九龍城と九龍郊外
006 新界
007 ランタオ島と島嶼部

【マカオ - まちごとチャイナ】

001 はじめてのマカオ
002 セナド広場とマカオ中心部
003 媽閣廟とマカオ半島南部
004 東望洋山とマカオ半島北部
005 新口岸とタイパ・コロアン

【Juo-Mujin（電子書籍のみ）】

Juo-Mujin 香港縦横無尽
Juo-Mujin 北京縦横無尽
Juo-Mujin 上海縦横無尽

【自力旅游中国 Tabisuru CHINA】

001 バスに揺られて「自力で長城」
002 バスに揺られて「自力で石家荘」
003 バスに揺られて「自力で承徳」
004 船に揺られて「自力で普陀山」
005 バスに揺られて「自力で天台山」
006 バスに揺られて「自力で秦皇島」
007 バスに揺られて「自力で張家口」
008 バスに揺られて「自力で邯鄲」
009 バスに揺られて「自力で保定」
010 バスに揺られて「自力で清東陵」
011 バスに揺られて「自力で潮州」
012 バスに揺られて「自力で汕頭」
013 バスに揺られて「自力で温州」

【車輪はつばさ】
南インドのアイラヴァテシュワラ寺院には建築本体に車輪がついていて寺院に乗った神さまが人びとの想いを運ぶと言います。

・本書はオンデマンド印刷で作成されています。
・本書の内容に関するご意見、お問い合わせは、発行元の
　まちごとパブリッシング info@machigotopub.com までお願いします。

まちごとチャイナ
マカオ002セナド広場とマカオ中心部
〜東方に華開いた「キリスト教文化」［モノクロノートブック版］

2017年11月14日　発行

著　者	「アジア城市（まち）案内」制作委員会
発行者	赤松　耕次
発行所	まちごとパブリッシング株式会社 〒181-0013　東京都三鷹市下連雀4-4-36 URL http://www.machigotopub.com/
発売元	株式会社デジタルパブリッシングサービス 〒162-0812　東京都新宿区西五軒町11-13 清水ビル3F
印刷・製本	株式会社デジタルパブリッシングサービス URL http://www.d-pub.co.jp/

MP114

ISBN978-4-86143-248-4　C0326　　　　Printed in Japan
本書の無断複製複写（コピー）は、著作権法上での例外を除き、禁じられています。